2218

RÉPONSE

A UN

PASSAGE DU RAPPORT DE LA COMMISSION

CHARGÉE DU

PROJET DE LOI RELATIF AUX RÈGLEMENTS DE COMPTE DE 1848,

Par le citoyen Charles MÉRANDON.

Autun, Septembre 1851.

J'ai à répondre à une accusation extrêmement grave, lancée de haut contre l'honneur d'au moins deux citoyens, et qui intéresse la moralité de l'administration révolutionnaire de février. Je ne prétends pas identifier une si grande cause à la mienne; mais si, en vengeant mon caractère et l'intention d'un acte honorable, indignement attaqué et défiguré, il se trouve qu'en même temps je serve de plus grands intérêts, où seraient le mal et la présomption?

J'ai été frappé du haut d'une position inviolable, celle de représentant; mais il y a quelque chose d'aussi élevé et d'aussi inviolable, c'est le droit qu'a tout homme atteint dans son honneur de le venger et de renvoyer à l'accusation imprudente ou calculée le sentiment qu'elle inspire.

Je prie le lecteur de me suivre avec attention. De bonne foi, pour tout homme qui n'aura pas de parti pris, il y aura impossibilité de résister à l'évidence, que j'espère faire jaillir de la seule exposition des faits.

On trouve dans le rapport de M. Théodore Ducos, sur les comptes du Gouvernement provisoire, le passage suivant (séance du 25 juin 1851):

« Diverses sommes sont réclamées pour le département de
» Saône-et-Loire, etc. Elles auraient été augmentées de 300
» francs, réclamés à titre d'allocation extraordinaire, mise à
» la disposition d'un maire *dans le but de déterminer un*
» *citoyen à renoncer à sa candidature de représentant du*
» *peuple.*

» Nous blâmons de toute l'énergie dont nous sommes ca-

1851

» pables la vénalité du citoyen qui a retiré sa candidature en
» faveur de M. Ledru-Rollin pour une misérable somme d'ar-
» gent, et la conduite, peut-être plus répréhensible, du maire
» qui a prêté son entremise à une négociation de ce genre.
» Quand on veut avoir le droit de condamner certains actes de
» gouvernements auxquels on a succédé, il faut apporter dans
» ses actes plus de pudeur et de moralité. »

Je repousse de toute mon indignation cette interprétation
fausse et révoltante d'un acte qui me fait honneur, — mon désistement en faveur de Ledru-Rollin, en avril 1848, — acte
dont un adversaire politique peut ne pas approuver le but,
mais dont je ne permets à personne de dénaturer le mobile.
Je n'aime pas à entretenir le public de ce que j'ai fait de louable
et d'utile; je regarde comme une petitesse de s'en prévaloir.
Aujourd'hui où je me sens attaqué sur un point aussi délicat,
je m'expliquerai. Mon excuse est dans la contrainte que je
subis.

J'analyse l'imputation contenue dans le passage du rapport
précité : Je me suis désisté — c'est un fait reconnu; — mon
désistement a été négocié par un intermédiaire, — ce qui implique la coopération d'un agent principal. — Il a profité à
Ledru-Rollin; il a été acheté des deniers de l'État. Quelles
sont les preuves apportées à l'appui d'une accusation si grave,
qui implique tant de personnes à la fois qu'on devrait lui ap-
pliquer la réflexion flétrissante de Montesquieu sur un exemple
de la corruption romaine : « Que de malhonnêtes gens dans
» un seul contrat ! » Avant de la lancer, quels moyens a-t-on
pris de s'assurer de son exactitude, de la justifier ? Pas un seul
qui soit sérieux ou qui n'ait servi à fausser la vérité. Si je ne
le démontre pas, à moi la honte; si je le démontre..... mais je
n'ai pas à m'expliquer sur le mobile de ces MM. de la commission ; tous mes sentiments ne sont pas libres.

Il faut reprendre l'examen d'un peu haut. Sous la Constituante, une première commission fut chargée de vérifier les
comptes du Gouvernement provisoire. Par un motif de noble
susceptibilité, elle fut composée en majorité d'hommes hos-
tiles à ce gouvernement et à son œuvre. La Révolution consen-
tait à être jugée par ses ennemis. Au sujet des 300 francs en
question, le rapport, rédigé par le même représentant Ducos,
s'exprimait ainsi : « ..... Ces sommes auraient été augmen-
» tées de 300 francs, qui étaient réclamés à titre d'allocation
» extraordinaire *accordée à un maire pour le décider à se*
» *désister de sa candidature.*
» ..... Nous blâmons de toute l'énergie dont nous sommes

» capables la vénalité du maire qui a retiré sa candidature
» pour une misérable somme d'argent, et l'acte plus coupable
» encore de l'*agent du Gouvernement provisoire* qui s'est
» *prêté* à une négociation de ce genre. »

Ainsi, l'abominable supposition d'un pacte déshonorant s'é-
tait déjà fait jour. Cette fois, c'est le maire qu'elle frappait;
c'est lui qui était accusé de s'être désisté, pour une misérable
somme d'argent, de sa prétendue candidature ; tant, dans
l'examen de cette affaire, on a eu souci de la vérité et de la
justice. De plus, si l'on compare ce rapport avec celui de 1851,
outre la désignation différente du candidat, par laquelle ils se
contredisent l'un et l'autre, on est frappé du silence du premier
rapport sur le nom de Ledru-Rollin, mis tout au long dans le
second, et de la réserve de celui-ci sur la personne et la com-
plicité de cet agent du gouvernement provisoire, si énergique-
ment flétri par le rapport de 1849. Est-ce inadvertence ? est-ce
intention ? Je ne puis me l'expliquer ; toujours est-il, ce me
semble, que dans des actes de cette importance, où tout doit
être pesé, de pareilles contradictions ne se justifient pas.

Tel était l'état de la question à la fin d'avril 1849, après le
dépôt du rapport de la première commission. Un journal de
Paris, qui fait sa pâture habituelle du mensonge et de la calomnie, releva le premier une accusation qui servait ses hai-
neuses et stupides passions. Son article fut reproduit, d'abord,
par le journal de la préfecture, puis par ses dignes confrères
du département. C'était à la veille des élections à la Législative,
et le nom de Ledru-Rollin était, dans Saône-et-Loire, à la tête
de la liste démocratique. Or, il était de notoriété dans le département que c'était en sa faveur qu'un désistement avait eu lieu
en 1848 ; on ne pouvait se tromper sur l'empressement des
feuilles royalistes à reproduire une accusation qui flétrissait ce
désistement et ceux qui y avaient eu part, et peut-être, espé-
rait-on, celui qui en avait profité.

Eloigné du département, j'étais dans une ignorance profonde
et de cette accusation et de cette manœuvre des sycophantes de
la presse impure, lorsque le n° d'une de ces feuilles me fut
envoyé. C'était le 9 mai, et j'étais à 10, 20 et plus de 30 lieues
des différents points du département d'où le venin avait suc-
cessivement jailli. L'idée qui me frappa tout d'abord et qui me
fit passer momentanément sur ce qui m'était purement personnel, mes renseignements sur le rapport n'étant ni directs ni
complets, fut que c'était une manœuvre électorale des jour-
naux royalistes, infidèles reproducteurs ou interprètes perfides
des termes du rapport de la commission, car l'accusation qu'ils

— 4 —

reproduisaient était un fait tellement violent, tellement inouï, que j'avais besoin de le toucher du doigt pour croire à sa réalité. Si impuissants que fussent ces calculs, c'était mon devoir de me jeter en avant pour les déjouer. D'ailleurs, le maire, accusé contre toutes les lois de la vraisemblance, était lui-même porté sur la liste d'un troisième parti. Que cette combinaison me convînt ou non, peu importe; l'équité me commandait de disculper complètement et à bref délai un homme innocent à tant de titres, en détournant sur moi seul les effets de cette odieuse imputation, si elle pouvait en avoir. Au fond d'une campagne, avec un espace de temps à peine suffisant pour faire parvenir à leurs destinations des lettres écrites à la hâte, les pièces justificatives et celles à consulter n'étant pas sous ma main, je ne crus pas devoir entrer dans des explications étendues. Je les réservai pour un moment plus opportun, celui où la discussion s'ouvrirait devant l'Assemblée. Tels furent les sentiments et les circonstances qui me dictèrent la déclaration sommaire que je fis dans une lettre publiée le 12 mai 1849 par l'*Union républicaine* de Mâcon et le *Courrier de Saône-et-Loire*, déclaration qui mettait le maire en dehors du débat et qui restituait à l'allocation son vrai caractère.

Le commissaire général St-Estienne Cavaignac, mis en cause comme auteur de la dépense, avait expliqué en ces termes à la commission de 1849 l'emploi de la somme : « Accordée à » titre de secours à une position malheureuse. » Cette explication était complètement inexacte. J'en fus blessé justement. Peut-être, par son défaut de franchise, a-t-elle donné naissance à la calomnie qui est venue m'atteindre. J'y répondis par cette appréciation méritée :« Le citoyen St-Estienne Cavaignac » a dit qu'il avait accordé ces fonds à titre de secours. C'est là » une erreur ou une bêtise; en disposant de ces fonds à titre » de secours le citoyen commissaire serait sorti de son droit. Ce » n'est pas pour faire des générosités privées avec l'argent de » l'État qu'il avait été investi du pouvoir dans Saône-et-Loire. Je » n'accepte pas son explication pas plus que je n'eusse accepté » ses secours. S'il a cru par ce subterfuge se faire pardonner » par la réaction son pouvoir révolutionnaire et le droit qu'il » lui donnait de faire ce qu'il a fait, c'est là une erreur qui » ne mérite pas d'être réfutée... Ces fonds avaient une destina- » tion publique, révolutionnaire ; quoiqu'elle fût toute de con- » fiance, elle a été remplie. »

M. St-Estienne, pressé par le devoir, par la justice, de s'expli- quer catégoriquement, de rectifier ce qui avait été mal expliqué, a gardé le silence, laissant l'accusation de vénalité subsister et peser, ce qui est plus fort, sur le maire provisoire d'Autun, qui ne pouvait pas s'être désisté, comme il l'a très-facilement démontré, puisqu'il n'avait point été accepté par le congrès central de Tournus où la liste définitive avait été irrévocablement arrêtée. Il crut apparemment sa conscience et sa responsabilité suffisamment déchargées par son explication ambiguë et erronée, et il rentra dans sa première obscurité. Nul parmi nous n'en a plus entendu parler. Les efforts qu'on a faits pour l'arracher à son silence ont été infructueux. Sa conscience, la voix de la justice et de la loyauté ne lui ont point parlé ou il leur est resté sourd. Mais que devrait-on penser si le bruit qui s'est répandu de sa rentrée postérieure dans les fonctions publiques, est vrai? C'est qu'il se serait fait pardonner, qu'il serait rentré en grâces, lui, ancien commissaire de Ledru-Rollin, emporté par les haines et les colères qu'il avait excitées en ce pays dans la réaction, et c'est moi qui aurais commis l'erreur de croire un pareil phénomène impossible! Ce serait encore une circonstance à apprécier pour la moralité des causes de l'accusation qui s'est élevée contre moi. Quoi! il y a au moins deux coupables; l'un, qui n'a pas été entendu, est condamné, frappé dans le huis-clos d'une commission; l'autre, sur les vagues, étranges et inexactes déclarations duquel l'accusation qui le déshonore a trouvé si facile de s'étayer, serait récompensé! Ces rapprochements parlent d'eux-mêmes. Je ne veux pas cependant les affirmer avant d'en avoir la certitude. Au reste, je puis me passer de récriminations; elles ne conviennent ni à mes goûts ni à ma cause. Mais si la déclaration et le silence plus coupable encore de M. St-Estienne ne disent pas autre chose, ils sont la marque d'une insigne faiblesse.

Telles sont l'origine et la filiation de l'accusation fausse, abominable, qui est venue me frapper insciemment, je dois le croire, par l'organe de la commission de 1851. Pour la faire tomber je n'aurai qu'à exposer les faits. Je le ferai sans déguisement comme sans exagération. J'invoque à ce sujet tous les souvenirs, toutes les intelligences, et j'ose affirmer que je ne serai désavoué ni par amis ni par ennemis, non seulement sur l'exactitude des faits, mais même sur l'appréciation que je pourrai en faire.

En février 1848, je fus un de ceux qui, en très-petit nombre, se trouvèrent à Autun, à la tête du mouvement populaire, prêts à le seconder, à le diriger et à lutter de toutes leurs forces contre les obstacles et les piéges que la Révolution allait rencontrer sur ses pas encore incertains. Je fus distingué et choisi, presqu'au début, président du club que nous venions de fonder. Les causes de cette distinction dont j'étais l'objet importent peu. Nous avions à arracher à la double et antique influence de l'aristocratie et du clergé une population accoutumée au joug, à en faire l'égale de ses maîtres, au moins par la hauteur des pensées, et à l'initier à la vie publique en lui inspirant l'amour de ses droits et de la République qui les résume et les consacre. La tâche était rude. Dans la nouvelle position qui m'était faite, je m'y dévouai entièrement. — Depuis ai-je été assez souvent et assez violemment attaqué par ses ennemis! Les coups de la plus lâche vengeance ont-ils cessé de tomber sur moi ! Mais je suis d'une trempe à faire face à toutes les attaques, de quelque part qu'elles viennent. J'en donne une nouvelle preuve ici, et j'ai plus besoin de prudence que d'ardeur pour repousser la nouvelle atteinte faite à mon caractère. — Nos seuls moyens d'action furent la propagande; à tout risque, nous en usâmes largement. Nous fûmes récompensés de nos efforts par des résultats qui depuis, l'absurde réaction aidant, se sont maintenus et développés. Comme principal instrument de cette œuvre, le peuple me témoigna sa gratitude et sa sympathie en me portant candidat à la Constituante. Au congrès de Tournus, j'étais proclamé à l'unanimité. Quinze jours après, le 10 avril, je me désistais en faveur de Ledru-Rollin. Ce ne fut ni légèreté ni flatterie ; des actes de cette importance ont d'autres mobiles. Je me réserve d'expliquer celui-là et de raconter par quelle suite de pensées j'ai été conduit à l'accomplir seul, sans suggestions, sans conseils, sans regrets. Je me borne en ce moment à poser des dates qu'avec un peu plus de zèle pour la vérité l'accusation aurait consultées avant de frapper un homme aussi grièvement ; car, si aux yeux de la commission l'affaire avait l'importance qu'elle lui donne dans son rapport, pourquoi n'a-t-elle pas donné à son examen l'attention qu'elle méritait?

Le lundi 10 *avril* au matin, dis-je, j'écrivais mon désistement sur la table d'un café de Chalon, n'ayant auprès de moi qu'une seule personne, un de mes compatriotes, qui ne soupçonnait pas mon intention : ni lui ni d'autres n'en étaient avertis. J'en fis part immédiatement au citoyen Julien Duchesne, rédacteur du *Patriote de Saône-et-Loire* et président du comité électoral de Chalon, qui, du fond de son exil, pourra témoigner de l'exactitude de mes souvenirs. Le même jour, le comité, averti, arrêta et rédigea un avis aux électeurs que Julien Duchesne dut faire tirer aussitôt à plus de mille exemplaires, en le faisant précéder de mon désistement. Ces deux pièces furent imprimées réunies, sur une feuille de papier rose. La pièce émanée du comité est ainsi conçue :

Aux citoyens membres des Comités démocratiques et aux ci-toyens électeurs de Saône-et-Loire.

« Chalon-S. S., le 10 AVRIL 1848.

» Le citoyen Mérandon, l'un de nos candidats à la représen-
» tation nationale, vient de se désister de sa candidature en
» désignant au choix des électeurs le citoyen Ledru-Rollin,
» membre du gouvernement provisoire.

» Tout en regrettant ce désistement, nous sommes obligés
» de reconnaître que le choix du nouveau candidat ne pouvait
» être plus heureux et plus patriotique. Nous invitons donc
» tous les comités et électeurs démocrates du département à
» substituer le nom du citoyen Ledru-Rollin à celui du citoyen
» Mérandon sur la liste arrêtée à Tournus.

» Salut et fraternité.

» *Les Membres du comité démocratique de Chalon* :

» Le président, JULIEN DUCHESNE ; —
» le vice-président, AUG. THEVENIN ;
» — DÉSARBRES, — SINAY-COMBET,
» — JANDEAU ; — FESSOL, — DUCROT,
» — LÉTOREY. »

Dès-lors mon désistement était un fait accompli, cons-taté.

Où est dans cet acte la part active d'un commissaire quel-conque ou de quelque personne que ce soit autre que moi ? J'au-rais, sur un pareil sujet, à peine accepté un conseil ; une sol-licitation m'aurait fait pitié ; quant à un marché, je compren-drais la supposition si l'expérience avait été tentée sur un de ces êtres, suppôts tarés, complices avilis du gouvernement de corruption dont la chute retentissait encore et pour lequel la commission paraît avoir tant d'indulgence.

Pour me décider je n'ai délibéré qu'avec moi-même ; j'ai pesé les raisons dans ma seule intelligence ; ma conscience de républicain a été mon unique guide. Un grand intérêt m'ins-pirait, je lui ai sacrifié une grande carrière qui s'ouvrait de-vant moi à un âge où les entraînements et les illusions de l'ambition sont faciles. Et quand j'ai eu fait connaître ma réso-lution et la condition invariable, essentielle, absolue de mon sacrifice — la candidature de Ledru-Rollin, — tous les gens d'intelligence et de cœur ont applaudi.

Mais pendant qu'il se consomme à la face de toute une ville émue et admiratrice, je puis le dire, que font mes deux complices, le maire et le commissaire St-Estienne ? Ils applaudissent sans doute quelque part au succès de leur négociation. S'ils ne se sont pas vus, au moins doivent-ils se connaître. Il n'en est rien cependant. Où sont-ils ? Le premier est à Autun d'où j'étais parti la veille, sans que personne y eût reçu la confidence de pensées qui germaient à peine en moi, à Autun où ma résolution le surprendra autant qu'elle y a surpris tout le monde, lorsque mes compagnons de voyage, étonnés eux-mêmes, en apporteront la nouvelle. Pour St-Estienne Cavaignac, il n'est pas à Chalon ; il n'est pas dans le département, il n'y est jamais venu ; on ne l'y connaît pas ; on n'y soupçonne pas son existence, pas plus que sa prochaine venue. C'est le lendemain soir, tard, MARDI 11 AVRIL, qu'il arrive sans bruit, inconnu, ne connaissant rien lui-même du pays et de ses habitants, ignorant, à coup sûr, qu'il existe une liste de candidats où se trouvait naguère mon nom, qu'a remplacé, par ma seule volonté, le nom de Ledru-Rollin. Le *Patriote de Saône-et-Loire* annonce ainsi son arrivée dans son n° du 13 avril : « Le citoyen St-Estienne Cavaignac est arrivé *mardi soir* » à Chalon en qualité de commissaire général de Saône-et-» Loire. » La proclamation par laquelle il annonce son entrée en fonctions est du *mardi 12* (*Patriote* du 13, *Bien public* de Mâcon du 16). *C'est le même jour*, 12, que je me rencontre pour la première fois avec lui chez Julien Duchesne, et le rôle qu'il joue dans mon désistement accompli depuis deux jours, du bruit duquel tout Chalon est rempli, c'est de me prier de remplacer ces deux phrases de la première publication : — pour mon désistement — « Je crois donc remplir le devoir d'un » démocrate en me démettant de ma candidature et *en propo-* » *sant* le citoyen Ledru-Rollin. » Pour l'avis du comité : « Le » citoyen Mérandon vient de se désister *en désignant* au choix » des électeurs, etc., » par ces deux autres phrases qui devront paraître dans le prochain n° du *Patriote* de la rédaction duquel Julien Duchesne s'occupe : « Je crois donc remplir, » etc., en me démettant de ma candidature *devant la réussite* » *certaine* de celle du citoyen Ledru-Rollin. » — « Le citoyen » Mérandon vient de se désister, *convaincu de la réussite cer-* » *taine* de celle, etc. » Je n'eus pas de peine à consentir à une correction de si peu d'importance à mes yeux, qu'elle me fit sourire. Que l'on compare la feuille rose imprimée avec le *Patriote* du 13 avril, cette correction sautera aux yeux. Si, dans cette affaire, on veut à toute force donner un rôle à M. St-Estienne, c'est bien certainement celui de commissaire-correcteur qui lui convient, et non celui de commissaire-électeur. Quant au maire, il y eut autant de part que la commission et son rapporteur à la création du monde.

Nous sommes au 16 avril. Près de huit jours se sont passés depuis mon désistement. Dans cet intervalle, une réunion de quinze présidents de clubs de Chalon a adhéré à la nouvelle combinaison. (*Patriote* du 13, 3ᵐᵉ page, 2ᵐᵉ colonne.) Une assemblée de 2,000 ouvriers, sous la présidence du citoyen Roth-Grapin, a adopté la liste sans réserve; car pour lever tout ce qui pourrait rester de doutes et de regrets aux ouvriers, assez mal partagés dans la composition de la liste, j'ai promis, en cas d'élection nouvelle, de m'effacer et d'appuyer de mon influence et de mes efforts les candidatures d'ouvriers (1).

La réaction qui, quelques jours auparavant, exploitait nos divisions, envenimait les mécontentements des ouvriers et espérait faire tourner leurs hésitations à son avantage, est en plein désarroi. Son congrès de Tournus est dissous et n'a pu aboutir par suite de la retraite des délégués du Creusot, qui, munis des pouvoirs de la plupart des comités ouvriers du département, entraînent à leur suite 22 cantons sur 28 dont il était composé. Le parti populaire, enfin, partout se rallie autour d'un nom significatif, cher à la Révolution. C'est alors que le commissaire St-Estienne vient à Autun.

Enfin, il va connaître ce maire, son complice vénal, selon le premier rapport, son entremetteur, pour employer l'expression choisie du dernier. Il va pouvoir se mettre en relation et entamer avec lui cette fameuse négociation qui doit me mettre hors de la liste comme un valet qu'on met dehors en lui payant ses gages..... En vérité, on trouve dans cette inqualifiable accusation une si parfaite ignorance des plus simples faits et circonstances de toute cette affaire, un tel dédain de la justice et du bon sens, que je ne sais si je dois m'en indigner comme de la plus sanglante injure, ou en hausser les épaules comme de la plus lourde bévue. Mais je rends grâce à la vérité que..... l'erreur soit si bête.

Je n'élude aucun point de la discussion. Mes explications embrasseront tout, mettront tout à jour. J'arrive à la remise des fonds, et je vais lui restituer son vrai caractère. C'était le 18 avril, dans la matinée. J'avais passé la moitié du jour précédent et la nuit dans un voyage à Couches où j'étais attendu de-

(1) C'est en mon nom et en vertu de cette promesse que les délégués des ouvriers de Chalon vinrent, en mai, réclamer au club d'Autun un candidat ouvrier pour les élections qui allaient avoir lieu.

puis longtemps. Le commissaire général avec qui je n'avais eu que deux courtes entrevues et toujours en présence de nombreux assistants, venait de partir. Le maire, qui l'avait accompagné jusqu'au dernier moment de son séjour, me rejoignit et m'annonça ce dont il était chargé. Je l'ignorais complètement. J'acceptai néanmoins lorsque la destination des fonds m'eut été parfaitement établie par ses explications. Elle était telle qu'il me le dit alors et qu'il l'a répété spontanément depuis, en mai 1849 : *pour frais de propagande*. Si le caractère de l'allocation m'eût paru un seul instant douteux, ma main se serait glacée avant de l'ouvrir pour recevoir ce qui m'était offert ; Abord n'eût pas accepté une pareille mission ; il ne l'eût pas voulu, il ne l'eût pas osé par respect pour lui et pour moi. Et de qui l'eût-il acceptée, cette mission ? d'un étranger. Pour se salir lui-même dans une affaire suspecte et pour faire tomber dans le piége un ancien camarade, un ami qui, politiquement, l'avait posé dans le pays et de qui il n'avait pas dépendu qu'il n'eût été accepté candidat au congrès de Tournus. Non, cela n'est pas possible ; Abord ne m'a rien déguisé, il n'avait rien à me céler sur le caractère de cette allocation ; ce caractère n'était pas, il ne pouvait pas être incertain ; c'est au président du club et du comité, au citoyen qui, de février à mai, resta à la tête du mouvement populaire dans l'arrondissement et de la propagande républicaine qu'il alimentait de sa plume et de sa parole, que ces fonds furent remis pour les employer dans le même but qu'il avait poursuivi jusque-là, but de plus en plus pressant, à mesure que les élections approchaient et que redoublaient les efforts de nos adversaires dans cet arrondissement d'Autun, chef-lieu, pépinière, place d'armes de la réaction dans notre département.

Voilà ce qu'aurait dû répondre M. St-Estienne à la commission. Il n'aurait déclaré que la vérité. Il ne se serait pas laissé aplatir comme un insecte sous une accusation monstrueuse qui rejaillissait bien plus haut. Il n'aurait pas laissé accuser deux hommes dont il devait connaître et honorer la conduite. Mais M. St-Estienne, par cette loyauté, par cette droiture, par cette fermeté qui, en lui attirant une disgrâce honorable de la part d'un gouvernement contre-révolutionnaire, l'auraient fait rester pur et intact dans son parti, n'aurait pas obtenu un pardon et des bonnes grâces dont on le soupçonnera d'avoir profité, tant qu'il n'élèvera pas la voix pour proclamer la vérité.

Quant à moi, en recevant de la part d'un commissaire général des fonds dont la destination me paraissait claire, nécessaire, légitime, j'ai cru avoir affaire à un homme sérieux qui connaissait l'étendue de ses droits, qui ne les outrepassait pas et qui saurait, en toutes circonstances, les maintenir à la face de tous et faire respecter l'usage qu'il en aurait fait.

Si l'on me demandait des comptes, je ne chercherais pas, comme Périclès, le moyen de ne pas les rendre ; je répondrais sincèrement que je n'en ai pas tenu une note détaillée, mais que les actes sont là : que des voyages, plusieurs cantons de l'arrondissement, divers points du département visités, une correspondance comme il ne s'en est fait en aucun temps, avec toutes les localités proches ou éloignées, avec les comités innombrables qui couvraient le département, ont nécessité des dépenses auxquelles je n'eusse pu suffire seul; que le club était pauvre, composé qu'il n'était en grande partie que d'ouvriers que la crise et la cessation du travail et des affaires, les 45 centimes aidant, appauvrissaient de plus en plus et que je ne voyais pas la nécessité de pressurer davantage ; que, d'ailleurs, les dépenses pour la propagande dans l'arrondissement n'auraient dû être couvertes, dans tous les cas, que par une cotisation générale de l'arrondissement, que la rapidité des événements ne permettait en aucune manière d'organiser. Et puis, eussions-nous eu cette idée, nous n'aurions pas essayé de la réaliser : dans ce moment, après le décret des 45 centimes, elle m'eût paru extrêmement malheureuse et funeste. Pour en finir, je dirais que j'y ai dépensé de mon argent et qu'il est impossible d'en douter. J'ai fait à cet égard ce que j'ai pu ; si j'eusse pu davantage, c'eût été d'un grand cœur. Enfin, je répéterai ici ce que je disais dans ma lettre du 9 mai 1849 : « En temps de révolution, plusieurs choses sont irrégu-» lières qui sont nécessaires, légitimes. » On ne ranime pas un peuple engourdi, une société pétrifiée, avec les procédés formalistes qui servent dans les temps ordinaires. Pour cela, je ne me fais pas l'application de cette morale relâchée qui dit que la fin justifie les moyens; non, ce que je veux dire, c'est que, quels que soient les circonstances, les actes et le but politique, quand la probité et la morale sont sauves, le caractère de l'homme reste intact.

Je ne cherche pas, qu'on se le persuade bien, à convaincre ici la commission, son rapporteur et la majorité de l'Assemblée ; je ne suis pas d'une aussi grande simplicité. Je sais que l'allocation des 300 francs pour Saône-et-Loire ne sera pas accordée, pas plus que celle des cent et je ne sais combien de mille francs laissés à la charge de Ledru-Rollin. Je ne pense pas que ce soit un sujet d'étonnement et de regrets pour la Révolution et les hommes qui l'ont servie d'être désavoués par ses ennemis. Mais ce que je veux, c'est de rétablir la vérité dans tout son éclat en ce qui concerne mon désistement, et de lui rendre son caractère spontané, désintéressé et honorable, terni par le rapport de la commission. J'ai détaillé les circonstances, les dates avec une précision inattaquable; l'appréciation de ces faits ne l'est pas moins. Je vais la compléter en répondant à diverses objections qui me sont parvenues de divers côtés.

Pourquoi, dira-t-on, étiez-vous à Chalon, vous, président de club, dont la place et les occupations étaient ailleurs? et pourquoi choisir cette ville pour y décider et y publier votre désistement, plutôt qu'Autun dont vous étiez plus spécialement le candidat? N'est-ce pas manquer d'égards à votre pays et faire peu de cas du choix de vos concitoyens? A la première demande, je réponds que je m'étais rendu à Chalon, à la tête d'une députation du club, à la fête de la plantation de l'arbre de liberté, dimanche 9 avril; à la seconde, que si je ne me suis pas désisté à Autun, c'est que probablement je n'y étais pas encore préparé et que les causes qui devaient m'y déterminer ne m'étaient pas encore bien connues; c'est qu'enfin si mon désistement devait avoir lieu et acquérir de suite un grand retentissement, une grande autorité dans le département, c'est Chalon, la ville d'initiative et de direction révolutionnaire par excellence de nos contrées, principalement à cette époque, qui devait en être le théâtre. Pourquoi encore?..... Mais avant tout, je prie ceux qui m'écoutent de se reporter à cette époque que les événements plus que les jours font si distante de nous, époque étonnante où le doute et la confusion étaient partout, où les plus dévoués, les mieux intentionnés n'avaient pas toujours le coup-d'œil et la résolution nécessaires; où, de l'autre côté, des masques couvraient tant de visages, où les plus chauds admirateurs de la République n'étaient pas ses amis les plus sincères, où les classes populaires, bonnes dans leurs dispositions, mais novices en politique, avaient besoin d'être prémunies sans cesse contre les piéges de leurs nouveaux et dangereux alliés, et d'être éclairées, fixées, par des signes éclatants, sur des points alors obscurs que, depuis, l'expérience et le temps ont mis hors de doute. Qu'on se place au milieu de ces circonstances qui ont eu leur existence, leur raison d'être et leurs nécessités, et l'on sera dans le vrai, dans le vif de la situation, et à cette interrogation: Pourquoi? je répondrai, avec assurance d'être compris, c'est que toutes ces tentatives de captation de la part de la réaction sur le peuple m'étaient connues; car, dès le début, je les avais signalées et déjouées à Autun même, en faisant repousser la fusion. Mais c'est qu'à mon arrivée à Chalon elles m'apparurent dans un plus vaste ensemble et d'une manière plus manifeste dans les résolutions arrêtées dans un congrès tenu la veille, sous la direction des plus habiles et des plus infatigables meneurs de la coalition anti-républicaine ; c'est que j'avais appris la présence à ce congrès de démocrates trompés et égarés, la convocation d'un nouveau congrès, décidée à cette réunion, la circulaire audacieuse partie du même lieu et adressée aux maires, pour donner à cette convocation des cantons le caractère le plus solennel et le plus menaçant pour les opérations du congrès central démocratique de Tournus, opérations qui, battues en brèche avec une insigne perfidie, chancelaient dans l'esprit des classes ouvrières, auxquelles les offres les plus brillantes étaient fallacieusement adressées ; c'est que je compris le danger de ces manœuvres pour discréditer, pour supplanter une liste qui servait de lien au faisceau démocratique dans le département, et pour en détacher la partie populaire et inexpérimentée ; c'est que je vis les esprits les plus fermes, inquiets (1) ; c'est que la démocratie n'ayant pas encore éprouvé ses forces, le doute et l'inquiétude étaient alors l'aiguillon d'un cœur vraiment républicain, et qu'à supposer qu'il y eût exagération dans les craintes, un excès de précautions n'était pas inutile, surtout lorsqu'il n'en coûtait qu'un sacrifice personnel dont tout le parti allait profiter au centuple. Que si l'on s'étonnait maintenant que j'aie pu renoncer à ma candidature et en imposer en quelque sorte une nouvelle sans consulter ceux qui m'avaient porté, je commencerais par reconnaître l'irrégularité de ce procédé, exemple qui ne sera pas contagieux toutefois ; mais je ferais remarquer qu'un procédé plus régulier aurait été précisément contre le but que je me proposais, à savoir de fortifier, sans trouble, sans nouvelle discussion, par l'adjonction d'un auxiliaire aussi puissant, la liste démocratique fortement attaquée et peu sympathique aux ouvriers qui, n'ayant pas pris part à sa composition, se plaignaient de n'y être pas représentés autant qu'ils en avaient le droit, et lorsqu'elle ne se recommandait d'une manière spéciale par aucun nom éclatant qui ne fût sur les listes des anciens partis coalisés, et qui pût la faire préférer aux ouvriers à toute autre combinaison où on leur ferait une plus large part ; que la soumettre à une nouvelle discussion, c'eût été tout remettre en question et ouvrir la brèche à une nuée de candidatures parasites et intrigantes, éparses dans tous les coins du département

(1) On trouve des traces non équivoques de ces manœuvres et de ces inquiétudes dans les N°s du 9 et du 13 du *Patriote*.

(*Patriote* du 9 avril, Circulaire du comité de Chalon), ce qui
ne devait pas être, ce que repoussaient les intérêts bien enten-
dus de la démocratie à son début dans la carrière, au moment
où elle avait besoin de concentrer ses forces et de marcher,
rangs serrés, sous une même discipline et sous un seul dra-
peau. Le nom de Ledru-Rollin fut un cri de ralliement au moment des hésitations du grand parti populaire, encore incertain
et facile à se laisser tromper et leurrer. Oui, je le déclare,
j'écrivis ce nom à la place du mien avec la confiance sereine
d'un homme qui, ayant à faire face à une situation pleine de
doutes et de difficultés, vient de rencontrer une idée décisive et
généreuse. Ledru-Rollin était l'homme de la démocratie aux
fortes aspirations, au tempérament populaire ; son opposition
à la mollesse du Gouvernement provisoire était connue ; sa po-
pularité, la confiance en lui s'en étaient accrues ; celle qu'il avait
acquise dans le département, dans les rangs démocratiques,
depuis le banquet de Chalon, était grande ; aucun nom,
comme le dit le Comité de Chalon dans sa circulaire, ne pouvait être plus heureusement choisi pour donner une significa-
tion républicaine tranchée à une liste, et pour que la démocratie se comptât dans notre département.

La réaction sentit le coup, et ce fut, je puis l'affirmer, la
principale cause de sa déroute et de l'abandon où elle fut des
ouvriers, à son congrès du 15 avril, à Tournus, malgré les
avantages qu'elle leur offrait. Ils furent inaccessibles aux sé-
ductions. Cette conduite fut très-noble, très-désintéressée de
leur part, mais n'y ai-je pas contribué pour quelque chose?
Ce nom de Ledru-Rollin qui résolut tous les doutes, qui rallia
tous les hésitants, n'est-ce pas moi qui l'ai proposé et inscrit
de ma pleine volonté au sommet de notre liste, comme un
signe, comme un phare? Le résultat fut immense, inespéré ;
les élections où, contre toute attente, la victoire ne fut pas
même balancée, en font foi. Et de ce moment la démocratie de
ce département, compacte, disciplinée, indissolublement unie,
marcha d'un pas ferme et sûr à ces succès répétés qui, depuis,
ont fait l'étonnement et l'admiration de la France républicaine.
C'est à nous aussi, républicains de cet arrondissement, malgré
notre infériorité numérique, à nous en réjouir, à nous en glo-
rifier, et il en sera toujours ainsi, je l'espère, quand nous au-
rons à rivaliser d'intelligence, de dévouement, de résolution,
avec nos concitoyens et co-religionnaires des autres arrondissements ; car si, pendant cette période de février à mai, de
continuels et intelligents efforts ont été faits dans tout le département pour constituer et affermir le parti républicain sur

les larges bases du suffrage universel et pour y incorporer les classes populaires, en dépit des brigues et des menées de la réaction qui nous les disputaient, le plus grand, le plus décisif de tous, c'est Autun qui a eu l'honneur de le tenter. Je pense que si ce pays s'est cru un moment humilié devant les autres arrondissements par le désistement de son candidat, il avait plutôt sujet d'en tirer quelque gloire.

Oui, ma préoccupation constante fut, à cette époque, de tout faire, de tout sacrifier pour consolider et maintenir la liste intacte contre les assauts de nos adversaires appuyés de tous les mécontents et pour lui épargner des secousses où elle aurait pu succomber et avec elle l'accord du grand parti populaire, peut-être pour longtemps. La preuve de cette préoccupation, c'est que quelques jours avant les élections, lorsqu'il restait encore assez de temps pour que les comités fussent avertis, je refusais d'user du droit que me donnait une lettre du citoyen Bastide, qui, porté ailleurs et touché sans doute de mon sacrifice, me déclarait se désister en ma faveur; je gardai sur cette lettre un silence que je romps ici pour la première fois, parce que, comme je l'ai dit, je ne voulais pas donner de prétextes aux réclamations et que c'était assez d'un changement qui, quoique nécessaire, selon moi, n'avait dû d'être accepté sans opposition qu'au nom que j'inscrivais à la place du mien.

Telles sont les raisons qui m'ont décidé à renoncer à ma candidature et à ne pas la revendiquer, lorsque j'y étais formellement autorisé. Nul plus que moi n'était en position de les connaître et de les apprécier. Peu de gens les ont comprises; peu m'importait, pourvu que l'effet fût produit. Tout autres causes m'auraient paru stériles et mesquines comparées à la grandeur de la mission dont m'avait investi le choix de mes concitoyens et coréligionnaires. Qu'on ne me parle plus de causes honteuses; c'est trop de l'avoir entendu une fois même dans la bouche d'ennemis. Mais on aura beau faire, la vérité ne sera pas étouffée; elle sortira pure et éclatante de cette épreuve, et je serai vengé. Oui, les intérêts auxquels répondait mon désistement étaient importantes : il le faut bien, puisque le *Bien public* de Mâcon, journal inspiré par M. de Lamartine, l'apprécie ainsi d'une manière trop flatteuse, il est vrai, pour que ce soit moi qui en parle; mais enfin puisqu'on a osé me vouer au mépris, il faut bien que je fasse valoir mes titres à l'estime. « M. Mérandon, dit-il dans son n° du 16 avril, déclare se désister de sa candidature en faveur de M. Ledru-Rollin. Ce désistement honore le citoyen qui fait le sacrifice de la plus honorable ambition aux intérêts de la patrie. Le pays conser-

» vera le souvenir d'une si noble abnégation, et M. Mérandon
» recevra un jour de ses concitoyens la récompense d'un acte
» de civisme malheureusement trop rare et qui mérite d'être
» signalé pour être imité. »

Voilà l'acte que vous avez voulu flétrir, sans le connaître,
je dois toujours l'admettre, MM. de la commission; mais alors,
si vous ne le connaissiez pas, de quel droit le flétrissiez-vous?
Que penser des auteurs d'une pareille imputation lancée au
hasard? Je ne me dissimule pas que vous avez eu principalement en vue d'atteindre le gouvernement provisoire et la révolution plutôt qu'un citoyen trop obscur pour vous occuper, mais
qui, croyez-le bien, sent vos atteintes et saura s'en garantir lui
et tout ce qui se rattache à lui. Cette intention ne perce-t-elle
pas dans ce passage du rapport : «Quand on veut avoir le droit
» de condamner certains actes de gouvernements auxquels on
» a succédé, il faut apporter dans ces actes plus de pudeur et
» de moralité. » Cette apostrophe superbe ne s'adresse pas à moi
sans doute, elle vise beaucoup plus haut. Mais le terrain est
mal choisi pour parler au nom de la morale ; et je ne sais s'il
convient aux anciens partisans de ces gouvernements tombés à
cause de leur égoïsme et de leur corruption, de donner des
leçons de ce genre à un gouvernement et à des hommes qui,
pour la loyauté, le désintéressement et la générosité de leurs
sentiments et de leurs actes, n'ont pas beaucoup d'égaux dans
l'histoire et pas un seul dans un passé qu'il serait prudent de
ne pas évoquer. Pour moi, en pareille matière, je n'accepte
pas de juridiction, et je n'irai point surtout prendre des leçons de ces partis qui, ramenés deux fois par l'étranger, ar-
rachaient au peuple un milliard pour solde de leur trahison,
et de ces autres qui, vingt années durant, ont mis la France
en exploitation et donné partout et en tout le spectacle de leur
corruption et de leurs rapines.

CHARLES MÉRANDON.

Chalon S. S., Imp. de J. Dejussieu, rue du Châtelet, 14.

www.ingramcontent.com/pod-product-compliance
Lightning Source LLC
Chambersburg PA
CBHW050415210326
41520CB00020B/6603